L'IDÉE DE DIEU

DANS LA

PHILOSOPHIE RELIGIEUSE DE LA CHINE

CONFÉRENCE 4ᵉ

faite par M. LÉON DE ROSNY

Salle du Musée Social, le jeudi 23 mars 1899

L'IDÉE DE DIEU

DANS LA

PHILOSOPHIE RELIGIEUSE DE LA CHINE

———

Depuis plus d'un siècle, la question du déisme ou de l'athéisme de la Chine a été controversée par des écrivains et par des penseurs plus ou moins en état de réunir, de comprendre et d'apprécier les pièces du procès. Voltaire, par exemple, sans rien connaître des documents indigènes, reprochait avec aigreur aux « théologaux d'Occident » de soutenir que les Chinois étaient athées, et la déclaration de la Sorbonne en 1700, suivant laquelle serait réputé « hérétique » quiconque soutiendrait que l'Empereur de Chine croyait en Dieu, avait eu pour résultat de l'exaspérer.

Du moment où il s'agissait de rendre un verdict aussi grave contre les Chinois, le moins eût été peut-être de bien s'expliquer sur ce qu'il faut entendre par un « athée ».

Un athée, suivant le paganisme grec ou romain, était un homme qui ne professait qu'un médiocre respect pour les habitants de l'Olympe où Jupiter lui-même et son épouse Junon ne jouissaient pas précisément du privilège de mœurs exemplaires. Au moyen âge, c'était quelqu'un qui ne prenait guère plus au sérieux les Élohim de la Bible que ces vieillards à barbe blanche dont les peintres lui montraient l'image comme une représentation de l'Être suprême. De nos jours, un athée — je ne parle pas de quelques gens qui s'affublent de ce titre dans le seul but de provoquer de coupables surexcitations religieuses — un athée, dis-je, n'est souvent rien autre chose qu'un sceptique, c'est-à-dire un chercheur qui ne trouve pas qu'on lui donne des preuves suffisantes pour admettre une individualité créatrice de notre globe, des autres boules du même genre qui roulent dans l'espace, et enfin de tout ce qui existe ou peut exister encore au delà de ce que nous connaissons ou de ce que nous croyons connaître.

Eh bien ! Lorsqu'on a soutenu que les Chinois étaient athées, on a oublié de nous dire auquel de ces trois genres d'athées ils appartenaient. On a fait plus mal encore : on a englobé une nation immense et ses diverses doctrines philosophiques en un tout qui n'a rien d'homogène, ainsi que nous nous proposons de le démontrer. Cependant, il est hors de conteste qu'il peut y avoir chez un peuple des athées et des déistes, sans qu'il soit permis pour cela de dire que ce peuple est lui-même athée ou déiste.

Or, il me semble qu'il y a avantage à rattacher la question du déisme ou de l'athéisme des Chinois au moins à trois grandes manifestations religieuses ou philosophiques de l'Asie Orientale, savoir : la doctrine cosmogonique préconfucéiste qu'on peut appeler la théorie du *Taï-kih*. — l'enseignement moral et politique de Confucius et de son École, — et enfin la philosophie taoïste, dont on considère d'habitude Lao-tse comme le fondateur.

I

La doctrine cosmogonique, dont un des termes les plus importants est celui de *Taï-kih* (1), semble remonter aux origines mêmes de l'évolution intellectuelle des Chinois, ou du moins à l'époque où l'existence première de cette nation nous est signalée par l'histoire. Je suis enclin à émettre cette ma-

____

(1) *Taï-kih*, litt. « le grand terme, le grand extrême ».

nière de voir, parce que plus j'étudie les œuvres littéraires de la dynastie des Tcheou, c'est-à-dire les premiers monuments écrits que nous possédons dans des conditions sérieuses d'authenticité, plus j'arrive à me convaincre que la Chine avait longtemps vécu avant que de telles œuvres aient pu se produire, et parce qu'un examen minutieux des textes de la grande époque de Confucius me conduit à reconnaître qu'ils sont la résultante de plusieurs systèmes cosmogoniques suc· cessifs très différents les uns des autres. Un sinologue qui s'est livré à l'étude de la philosophie n'admettra jamais que le premier des cinq livres dit canoniques, c'est-à-dire le *Yih-king* par exemple, puisse appartenir à la même source d'idées que les autres *King*. Je crois donc que, pour découvrir la pensée qui s'attache au *Taï-kih*, il faut opérer une sorte de classement méthodique préalable des passages où nous en trouvons la mention dans les livres de l'antiquité chinoise.

Toutefois, avant de tenter un pareil classement, il me semble utile de demander aux grands travaux lexicographiques de la Chine ce qu'il faut entendre philologiquement, — je dirais presque étymologiquement — par *Taï-kih*, c'est-à-dire « le Grand Kih », expression qui désigne, dans la théorie cosmogonique dont nous nous occupons en ce moment, la force ou puissance initiatrice de l'Univers.

Les meilleurs lexiques de la Chine auxquels j'ai eu recours nous fournissent sur le mot *kih* des interprétations très nombreuses, parfois assez divergentes, qui ne sont pas sans jeter une certaine somme de doute sur la valeur qu'il convient d'attribuer à ce mot, lorsqu'il figure dans les textes cosmogoniques de l'antiquité. On arrive même bientôt à croire, par la variété et par l'incohérence de ces explications, que non seulement il a varié de sens dans les diverses écoles antérieures à notre ère, mais qu'il a fini par perdre sa portée philosophique en pénétrant dans le langage des classes populaires. Établir ces variations de sens constituerait sans doute une œuvre intéressante, mais elle exigerait de longues recherches dans une foule de livres non encore traduits qu'il serait peut-être prématuré d'entreprendre aujourd'hui, et il y a lieu de craindre que, même au prix de ces pénibles recherches, on ne puisse aboutir à un résultat précis et satisfaisant. Je me bornerai donc, pour l'instant, à signaler un choix d'interprétations que m'ont fournies les œuvres lexicographiques les plus autorisées, interprétations que je m'efforcerai de rattacher aux différentes tentatives d'exégèse entreprises sur la définition du *Taï-kih* par les penseurs chinois.

Dans les textes où cette expression figure comme terme fondamental de l'idée cosmogonique, le mot *kih* veut dire « le principe et la fin, la condition suprême (1) ». C'est la Loi suprême « qui préside aux transformations (2) ou, en d'autres termes, la condition immuable qui résulte de la Justice fatale, intransigeante et ininfluençable ». Joint au qualificatif *taï* qui signifie « grand », il nous est donné comme la dénomination de l'Unité absolue et primordiale (3), antérieure à la séparation originelle des éléments chaotiques de l'univers (4).

Cette Unité absolue et primordiale, que nous verrons bientôt identifiée à un Ciel plus ou moins dépourvu de personnalité, est une force rationnelle (*Li*) qui représente « la Raison d'être du firmament, de la tere et de tous les êtres (5) ». Puis l'idée cosmogonique se développant déjà d'une façon remarquable dans l'esprit de la race Jaune, à cette période très ancienne, le *taï-kih* se trouve associé aux deux principes générateurs du Dualisme chinois, le *yin* ou « principe femelle » et le *yang* ou « principe mâle ».

La doctrine dualiste elle-même nous est présentée sous plusieurs formes qui prouvent les tâtonnemens des premiers philosophes de la Chine pour arriver à rendre intelligible leur système relatif à la création. De la sorte, à la place du

(1) En chinois : *pen tchoung*.
(2) En chinois : *tchi hoa tchi tchi ye* ; *wouh kih hoei tchi pien*.
(3) En chinois : *Taï-Yih ye*.
(4) En chinois : *Taï-kih oeï tien-ti weï-fen i-tsien youen-ki cell weï yih*. (Voy. *Peï-wen-yun-fou*, t. CII , *a*, p. 158.
(5) *Tien ti wan-wouh tchi li*. (Voy. *Peï-wen yun-fou*, loc. cit.)

principe mâle et du principe femelle, nous voyons men-
tionnés les *Leang-i* ou « Deux I (1) », qui représentent les
manifestations primordiales créatrices de la Raison initiatrice (*Li*), lorsque celle-ci devient active dans la Nature ou,
en d'autres termes, se matérialise. Ces deux manifestations
créatrices primordiales sont contraires l'une à l'autre ; elles
constituent, dans la pensée chinoise, deux conditions nécessaires à la production de la vie et du mouvement. Oppo-
sées de la sorte dans leur mode d'action, l'une représente
le principe actif, l'autre le principe passif ; mais ces deux
principes sont eux-mêmes inhérents au *Taï-kih*, dont le principe mâle ou *yang* dérive par son état d'activité et le principe
femelle ou *yin* par son état de repos (2). Plus tard, le système se développe et le *Taï-kih* devient multiple par son
identification avec les *San Tsaï* ou Trois Principes évolutifs
de l'univers et par d'autres complications que je crois inutile de signaler pour résoudre le problème dont je m'occupe
en ce moment. Je me bornerai à ajouter que lorsque les cosmogonistes chinois identifient le *Taï-kih* au Ciel, ils n'ac-
cordent pas à celui-ci la puissance créatrice sans le concours
des deux principes dualistes qui émanent de lui. « Le Ciel, di-
sent-ils, seul ne peut produire ou créer, pas plus que le principe
mâle ou le principe femelle isolément. Le concours des trois
forces est nécessaire pour que la création devienne effec-
tive (3). »

Pour en revenir à la question que je me propose d'étudier
ici, les Chinois, qui comprennent de la sorte leur *Taï-kih*,
sont-ils oui ou non des athées ? Ils ne le sont pas pour ceux

(1) Le système des *Leang-i* se rencontre dans toutes les manifestations
religieuses de l'antiquité asiatique. Je crois qu'il y aurait un grand intérêt
à l'étudier dans ses rapports avec l'idée trinitaire que j'ai rencontrée jusque
dans les îles de l'Extrême-Orient.

(2) D'après le *Taï-kih tou-choueh*.

(3) Voy. Kouh-liang, Commentaire du *Tchun-tsieou* « le Printemps et
l'Automne » de Confucius, cité par le *Youen-kien loui-han*, t. XII, p. 24, et
la mention de ce passage dans ma traduction de *Ni-hon-Syo-ki*, publiée dans
la collection des travaux de l'École des Langues Orientales, t. II, p. xxix.

qui se refusent à attacher à l'idée de Dieu celle d'une individualité plus ou moins conçue à l'image de l'être humain et qui aurait
créé le monde par un acte de son bon plaisir ; ils le sont à coup
sûr pour ceux qui admettent que Dieu est un personnage capable de prendre forme et même de parler, comme le Jehovah de la
Bible, ou d'entendre les récriminations des hommes comme les
Dieux d'une foule de cultes anciens et modernes.

Tant qu'il demeure dans le domaine à peu près exclusif de la
recherche philosophique, le *Taï-kih* semble exempt de toute
matérialisation, de tout anthropomorphisme ; et, comme je l'ai
dit, je suis porté à croire que cette manière d'en comprendre
le caractère est celle qui remonte le plus haut dans ce qui nous
est possible de découvrir des origines philosophiques et religieuses de la race Jaune.

La matérialisation du *Taï-kih* commence alors que nous
voyons ce grand principe primordial identifié avec le Ciel (1).
On ne peut pas dire cependant que les Chinois, par cette identification, en soient arrivés dès l'abord à l'idée soit anthropo-
morphique, soit même individualiste de Dieu. Le Ciel, qu'ils nous
donnent comme assimilé au *Taï-kih*, est quelque chose d'autre
que le firmament : c'est une pure Loi directrice, qui, plus tard
seulement, devient une personnalité. On nous explique bien les
mots *Taï-kih* par une formule qui signifie « l'air du Ciel » (2), si
l'on fait seulement acte de traducteur sans s'être d'abord pé-
nétré suffisamment du génie de la cosmogonie primitive de
la Chine, mais qu'il faut expliquer par « émanation céleste »,
interprétation qui est d'ailleurs justifiée par cette autre qui
veut dire « Vertu céleste » (3). Et, dans ce cas encore, il faut
prendre les plus grandes précautions pour ne pas dévoyer. Par
« Vertu céleste », en effet, il ne faut pas comprendre les bons
sentiments ou les actes généreux du Ciel (4), mais « la Vertu »
dans le sens de « Caractère spécial », comme lorsqu'on dit « la

(1) En chinois : *Taï-kih tien ye*.
(2) En chinois : *Tien-ki ye*.
(3) En chinois : *Tien tchi teh*.
(4) En chinois : *Tien tchi kouan*.

vertu d'un principe, la vertu d'un médicament ». J'insiste sur
la nécessité de tenir compte de pareilles nuances dont les
sinologues se sont malheureusement trop peu préoccupés
lorsqu'ils ont traduit des textes philosophiques, cosmogoniques
ou religieux. Faute d'y avoir prêté attention, ils ont fait dire à
des écrits dignes de tout notre respect, — j'oserais peut-être
ajouter, de notre admiration, — des paroles incohérentes et
même des insanités dont les anciens Chinois ne sauraient être
rendus responsables à aucun titre.

J'ai acquis de la sorte la conviction qu'en recourant aux
sources originales, il était possible de suivre en quelque sorte
pas à pas les transformations de la philosophie à laquelle
appartient cette haute expression de *Taï-kih*.

II

L'apparition de Confucius est un événement gigantesque
dans l'histoire de la civilisation chinoise. Ce grand moraliste,
qui professait une doctrine essentiellement utilitaire, c'est-à-
dire une doctrine qui se rapproche à bien des égards de ce
que nous appelons aujourd'hui le Positivisme, Confucius, dis-
je, avait jugé opportun, pour le succès de son œuvre, de se présenter comme le restaurateur de la sagesse antique et de s'ap-
puyer sur des documents qu'il attribuait aux âges primitifs
de son pays. Ses déclarations à cet égard laissent beaucoup
à désirer. Non seulement nous savons qu'il n'eut aucun scrupule d'altérer les textes offerts par lui à la vénération pu-
blique, alors que ces textes ne se prêtaient pas aux succès
de ses théories politiques et sociales, mais il suffit de lire
avec attention les *King* ou livres Canoniques dont il est considéré comme l'éditeur, et les *Sse-chou* qui renferment les
échos de ses enseignements recueillis par ses disciples, pour
se convaincre que son esprit était inapte à tout travail de spé-
culation intellectuelle et même d'exégèse et de critique. Il
était à coup sûr un merveilleux observateur, et nul mieux que

lui ne sut comprendre, ni à son époque, ni plus tard, ce qui répondait le mieux aux sentiments et aux aspirations de sa race. Son contemporain, Lao-tse, ne l'avait toutefois qu'en assez médiocre estime, et il n'eut pas de scrupule à le lui déclarer à lui-même.

Que pouvait faire Confucius dans de telles conditions, alors qu'il se trouvait en présence d'une philosophie cosmogonique dont il n'était pas capable de saisir les concepts et dans laquelle il ne voyait, en tout cas, rien qui puisse servir sa nation au point de vue pratique, le seul qu'il était à même d'embrasser dans toute son étendue? La réponse nous la trouvons dans les livres primitifs de la Chine et, en attendant que nous les ayons compulsés avec le soin désirable, dans les grands et très remarquables travaux de philosophie publiés d'âge en âge par les écrivains chinois.

Pour aboutir à son but, Confucius avait jugé à propos de faire accepter par ses compatriotes le culte de ce qu'il nomme le *Hiao*, mot que nous avons l'habitude de traduire par « Piété filiale », mais qui possède une signification bien autrement large dans les traités de morale et dans tout ce qui touche à l'édifice politique et intellectuel des Chinois, aussi bien de ceux des temps anciens que de ceux qui vivent encore de nos jours dans le plus vieil empire du monde.

Faisant reposer sa doctrine sur la Piété Filiale, Confucius a établi comme une institution indispensable pour un peuple le Culte des Ancêtres. Il a su, de la sorte, faire vivre les hommes dans le respect du passé et n'avoir aucune ambition plus haute que celle de survivre par le souvenir chez leurs descendants. Dans nos pays civilisés, nous ambitionnons des honneurs pendant notre vie ; les Chinois en ambitionnent même après leur mort, et les lois du Céleste-Empire permettent de conférer des titres, des grades, des décorations à des défunts comme récompense des services rendus par leur progéniture. Cette manière de donner satisfaction à l'orgueil humain nous fait sourire. Sur les bords du fleuve Jaune, on la prend au sérieux et l'on n'aurait garde de rien dire, de rien faire qui lui soit attentatoire. Si nous nous moquons des Chinois en cette circonstance, ils nous rendent bien la pareille, ne fût-ce que par le dédain qu'ils professent pour une foule de nos progrès matériels et de nos institutions politiques.

Avec une telle manière de comprendre la vie, le célèbre moraliste de Lou ne voyait aucun avantage à s'occuper de la loi initiatrice représentée par le *Taï-kih*, et les raisonnements fondés sur les deux principes du Dualisme primitif lui semblaient pour le moins des spéculations infructueuses. Il avait toutefois des motifs pour ne pas le dire tout haut ; nul doute ne subsiste à cet égard sur sa manière de voir. Ayant pris à cœur de concilier les intérêts du peuple et ceux du monarque, de proclamer hautement les prérogatives de celui-ci, tout en rendant les abus de son autocratie difficiles et même périlleux, il comprit combien il pouvait tirer parti pour dominer la masse d'une doctrine établissant l'existence d'autorités extra-terrestres. Ces autorités imaginaires, il en trouva d'abord la formule dans celle du Ciel immatériel de la philosophie antique ; mais, dans les livres qui existaient de son temps, cette formule était exprimée en des termes fort au dessus de la compréhension des masses. Il chercha donc à la mettre à la portée du grand nombre. Le *Taï-kih* fut en conséquence représenté comme « l'ancêtre de toutes les créatures » (1) et par suite comme le principe magnanime et généreux « qui a produit la vie » sur la terre (2). L'idée de premier ancêtre des créatures devait conduire rapidement à celle qui avait pour effet de personnaliser la Loi suprême, c'est-à-dire à la mention de cet être supérieur appelé *Chang-ti*, expression que beaucoup de sinologues considèrent comme l'équivalent de notre mot « Dieu ». Toutefois, à la même époque sans doute, cette dénomination en apparence monothéiste vint s'associer aux réminiscences populaires d'un polythéisme grossier dont quelques anciens livres, notamment le *Chang-haï King*, nous fait connaître l'existence dans la haute antiquité chinoise. Le

(1) Voy. le *Tcheou-li mouh-loh*.
(2) En chinois : *Tien-tche chi-seng*.

Chang-ti représente de la sorte « le grand prince ou chef de tous les génies » (1). Ces génies, associés sans cesse aux *Koueï*, mot qu'on a quelquefois traduit par « démons », étaient très nombreux. On rendait aux uns et aux autres des hommages dans les sacrifices (2).

Puisque c'est surtout à propos de cette expression *Chang-ti* qu'ont été engagées les grandes disputes au sujet du Déisme ou de l'Athéisme des Chinois, il ne me semble pas inutile de m'y arrêter un instant et de faire connaître les principales explications des lexicographes chinois sur son compte. Dans cette expression *Chang-ti*, il y a le mot *ti* qui isolément est d'habitude traduit par « Empereur », et le mot *chang* qui est un qualificatif signifiant « élevé », d'où « l'Empereur élevé ». On a préféré traduire : « le suprême Empereur ».

Ce mot *ti* signifie en outre « gouverner » (3); c'est communément le titre que l'on donne au « prince »(4) et la dénomination honorifique de celui qui gouverne le monde (5). A une époque reculée, c'est-à-dire à celle où il convient de faire remonter la rédaction des *King* ou Livres canoniques, nous le trouvons déjà, avec son qualificatif *chang* « suprême » assimilé au Ciel (6).

---

(1) Voy. Ho-kouan-tse, *Tien-kouan*.

(2) Voy. *Li-ki*, chap. Kioh-li, part. 1. — L'abbé Gallery traduit les mots *koueï-chin*, litt. « les Démons et les Génies », par « les Esprits et les Dieux ». Il croit pouvoir, de la sorte, constater l'existence du polythéisme dans le Grand-Rituel de l'École dite des Lettrés, et mentionne, sans en indiquer clairement la différence, deux sortes d'êtres surnaturels qui ont droit au culte des hommes. Ce fameux Rituel nous apprend d'ailleurs comment nous devons chercher à obtenir la solution de nos doutes. Il suffit pour cela « de les soumettre au sort ; on ne sera jamais induit en erreur (!) ». (Voy. *Mémorial des Rites*, p. 5.)— Je ne crois pas aller trop loin en disant que pour bien saisir l'idée des Chinois sur les *chin* et les *koueï*, il serait nécessaire de produire les définitions des indigènes les plus autorisés relatives à ces deux classes de personnifications métaphysiques de leur panthéon, travail qui ne me paraît pas encore été accompli d'une façon quelque peu satisfaisante.

(3) En chinois : *ti*.

(4) Suivant l'antique dictionnaire *Œll-ya*.

(5) Voy. *Peï-wen yun-fou*, t. LXVII, part. II, p. 7.

(6) *Li-ki* (Grand Rituel), chap. *Ming-ling*.

Par suite de certaines interprétations des lexicographes chinois les plus autorisés, il reste peu douteux qu'il s'agisse alors d'un Ciel idéal, distinct du Ciel matériel. Car si le mot *ti* désigne « celui qui est arrivé par sa vertu à se mettre en accord avec le Ciel (1) », ou bien encore « celui qui par sa vertu, en s'identifiant au Ciel et à la Terre, se tient dans la rectitude et n'a point d'égoïsme » (2), on nous dit aussi qu'il exprime l'idée de « Génie Céleste » (3), c'est-à-dire quelque chose qu'on peut assimiler au Dieu du monothéisme sémitique, bien qu'une telle assimilation soit peut-être un peu excessive.

Le *Chang-ti*, dans le *Chou-king* ou Bible des Chinois (4), nous est bien présenté comme une divinité supérieure, mais cette divinité n'est pas seule l'objet du culte indigène : on lui associe d'autres puissances qu'on offre à la vénération de la foule, voire même les montagnes et les rivières, ainsi qu'un nombre indéterminé de génies. Et comme parmi ces objets de vénération, on mentionne les saisons, le froid et le chaud, le soleil, la lune, les étoiles et la sécheresse, on s'aperçoit bientôt combien il était difficile pour ces anciens cosmogonistes d'arriver à une notion abstraite de Dieu, détachée de toute assimilation avec le Ciel matériel et les phénomènes de l'atmosphère.

Il me paraît toutefois peu contestable que, dès une haute antiquité, les Chinois ont admis l'existence d'une personnalité céleste gouvernant le monde et appelée *Chang-ti* ; mais il me semble en même temps qu'il y avait là une croyance populaire qu'il faut distinguer de la théorie cosmogonique suivant laquelle ce *Chang-ti* aurait été le Ciel initiateur (5) considéré comme la Loi ou la Cause primordiale de l'Univers (6).

(1) En chinois : *Teh hoh tien tche, ching ti*.

(2) En chinois : *Teh peï tien-ti, tsaï tching, pouh tsaï sse, youeh ti*.

(3) En chinois : *Ti tien-chin ye*.

(4) En chinois : *Chou-king* (Bible de l'antiquité chinoise), chap. *Chun-tien*.

(5) En chinois : *Youen-tien*.

(6) *Taï-yih*, expression que Wells Williams traduit par « the primordial Cause ; the ground or reason of ». C'est aussi le nom d'une étoile dans la constellation du Dragon.

Le *Yih-king* ou « Livre traditionnel des Transformations » fait bien partie de la collection des ouvrages dits canoniques que Confucius se crut la mission de réunir et de transmettre à la postérité ; mais l'esprit qui en a inspiré la composition est tellement différent de celui des autres *King* qu'on a une tendance à l'en séparer complètement pour y voir un autre genre de manifestations philosophiques et morales de la Chine primitive. Or, dans ce livre étrange et sur lequel on a fondé les théories les plus bizarres, au point de vouloir lui attribuer une origine babylonienne (1), il est également fait mention du *ti*, et plusieurs sinologues autorisés, notamment le Rev. James Legge, n'ont pas hésité à y voir une mention de Dieu (2). Le P. Gaubil et Medhurst, tout en adoptant la même manière de traduire, n'avaient cependant pu cacher au sujet du sens de ce mot une certaine hésitation (2). S'il est vrai que le doute n'est plus guère possible à l'époque du philosophe Tchou-hi, qui définit le *ti* par « seigneur et gouverneur du Ciel » et même au temps plus reculé de cinq siècles où vivait le célèbre Wang-pi (III° siècle de notre ère), il n'en est pas ainsi pour le siècle de Confucius et surtout pour les périodes qui ont précédé ce célèbre instituteur. Ces périodes, il est vrai, sont tellement obscures, on pourrait peut-être dire hypothétiques, qu'il est bien difficile de rien affirmer formellement au sujet de ce qui s'y passait ; il est néanmoins aussi sûr que possible que l'éclosion des théories cosmogoniques auxquelles se rattachent les termes de *Taï-kih* et de *Chang-ti* sont de beaucoup antérieures à l'âge durant lequel vécurent les deux grands philosophes chinois Lao-tse et Confucius.

L'obscurité profonde du *Yih-king* permet malheureusement d'y trouver à peu près tout ce qu'on veut sur la cosmogonie. Il est même assez probable qu'il doit à cette obscurité le plus grand nombre de ses admirateurs. Parmi ceux-ci, il convient de citer Confucius qui, dans sa vieillesse, n'hésita pas à dire qu'il avait commis la faute de trop négliger son étude alors

(1) Terrien de la Couperie.
(2) *The Sacred Books of China*, part II, Introduction, p. 51.

qu'il était jeune et qu'il ne cultivait plus d'autre ambition que celle de parvenir à le bien comprendre avant sa mort (1).

Je ne voudrais pas me prononcer d'une façon trop sévère, et encore moins en termes trop enthousiastes sur ce que peut valoir ce premier des cinq *King*, et cela pour un motif très sérieux, à savoir que, dans ma pensée, il n'a pas été jusqu'à ce jour étudié d'une façon satisfaisante, surtout au point de vue philosophique et religieux qui m'occupe en ce moment. Qu'il me suffise de soutenir qu'en tout cas l'idée d'un Dieu ou Principe invisible, immatériel et directeur de l'univers y est énoncée dans des termes suffisamment clairs pour qu'on ne puisse à aucun égard le considérer comme une œuvre de source athéiste.

III

Il me reste, pour compléter cet aperçu rapide des idées chinoises relatives à la Loi directrice de l'Univers, à vous dire quelques mots de ce qu'a été cette conception dans la grande École chinoise du Taoïsme.

La doctrine que représente le *Tao-teh King* témoigne d'une puissance de pensée et de conception telle que je ne puis me résoudre à croire qu'elle ait été l'œuvre d'un seul homme, d'un seul philosophe, dans un pays où le travail de nombreuses générations antérieures ne lui aurait pas préparé toutes les voies. J'admets comme une certitude l'existence du progrès, mais je sais que le progrès s'accomplit lentement et avec le concours indispensable d'un nombre considérable de collaborateurs dévoués, tenaces et intelligents. Lorsque je songe que Lao-tse a vécu six siècles avant notre ère et dans un milieu en appa-

---

(1) Legge, dans les *Sacred Books of the East*, de F. Max Muller, t. XVI, pp. 1-2 et pass. de l'Introduction jointe à cet ouvrage. Ajoutons que quelques auteurs chinois ont été jusqu'à prétendre qu'on rencontrait dans le *Yih-king* des traces manifestes de plusieurs grandes vérités scientifiques découvertes depuis par les savants du monde occidental. (*Oper. supr. cit.*, p. 54.)

rence aussi peu favorable que le pays des anciens Chinois, j'éprouve un certain trouble pour indiquer la place réelle qu'il convient de lui affecter, dans le travail évolutif de l'idée religieuse chez les riverains du fleuve Jaune.

Autant l'apparition de Confucius, à la même époque qui fut celle de Çâkya-mouni et de Pythagore (1), semble une résultante logique des faits qu'on nous rapporte sur les siècles antérieurs au sien, autant la présence dans cette même région d'un génie aussi pénétrant et aussi original que le fut Lao-tse me paraît difficile à comprendre avec les données que nous possédons jusqu'à présent sur l'état évolutif de la Chine antique.

'J'avais, en conséquence de cette considération, supposé à priori durant la première période de mes études sur le Taoïsme, l'existence en Chine d'une philosophie absolument distincte de l'enseignement moral et socialiste de Confucius, philosophie qui aurait vu le jour aux époques dites préhistoriques de la civilisation chinoise. De patientes recherches dans les textes originaux et dans les écrits de plusieurs sinologues autorisés ont eu pour résultat de me convaincre que mon hypothèse relative aux origines du Céleste-Empire répondait à une réalité historique. Je n'ai donc plus aucune hésitation à soutenir désormais que la philosophie taoïste a été la conséquence d'un labeur intellectuel dont les premières manifestations se perdent dans la nuit des temps ou ont été du moins fort antérieures au VI⁰ siècle avant notre ère.

De longs développements et l'énumération d'une foule de petits faits qui ne peuvent guère intéresser que les spécialistes seraient nécessaires pour établir la doctrine que je professe aujourd'hui sur les débuts du Taoïsme et sur les efforts de

(1) Inutile de dire que ces synchronismes ont fait rêver bien des savants et même des penseurs. Je crois néanmoins qu'on ne saurait montrer trop de réserve à adopter les suppositions de quelques orientalistes au sujet de ce siècle considérable dans les fastes de l'humanité intellectuelle, comme par exemple celle qui résulte des ressemblances de noms signalées par le Dr Leitner, de Woking, entre le bouddhiste *Bouddhagoras* et le philosophe *Pythagore* ; etc., etc. (Voy. *Congrès international des Sciences Ethnographiques*, session de Paris, 1878 ; compte-rendu, p. 307.)

pensée qu'il a fallu accomplir en Chine pour rendre possible l'apparition dans ce pays d'un homme de la trempe de Lao-tse. On me pardonnera de ne pas entreprendre un tel déploiement d'érudition dans une conférence où je ne me suis proposé en somme qu'un seul but, celui de démontrer que non seulement les Chinois croyaient en Dieu, mais en plus qu'ils avaient énoncé sur l'existence de Dieu des idées d'une remarquable portée et dignes à tous égards de la respectueuse sollicitude des chercheurs du monde contemporain.

Je ne m'occuperai donc point ici des précurseurs de Lao-tse sur lesquels on commence seulement à réunir quelques indices qui ont besoin d'être examinés de très près et discutés avec connaissance de cause avant qu'on soit en droit d'en faire un usage sérieux pour l'histoire de la philosophie chinoise. Je me bornerai à parler du Taoïsme tel qu'il résulte de l'étude de son livre canonique, le *Tao-teh-king*. Cet ouvrage d'une valeur considérable, mais dont l'intelligence présente d'énormes difficultés, a été déjà l'objet de plusieurs traductions en langues européennes. Toutefois, si le proverbe *traductore traditore* est souvent vrai, je n'hésite pas à déclarer qu'il l'est d'une façon tout à fait exceptionnelle lorsqu'on l'applique à l'œuvre de Lao-tse. Malgré le profond respect que je professe pour les connaissances sinologiques de mon ancien maître Stanislas Julien, l'un des deux premiers traducteurs du *Tao-teh King* (1), j'ai le devoir de dire qu'il n'a pas compris les parties essentielles de la grande œuvre de l'illustre contemporain de Confucius, de cet homme extraordinaire qu'un savant orientaliste anglais, M. Chalmers, n'a pas hésité à placer au premier rang des philosophes de la Chine antique (2).

(1) Stanislas Julien, *Le Livre de la Voie et de la Vertu*, composé dans le VI⁰ siècle avant l'ère chrétienne par le philosophe Lao-tseu. Traduit en français, et publié avec le texte chinois et un commentaire perpétuel. Paris, 1842 ; in-8·.

(2) Cette opinion est d'ailleurs celle de quelques-uns des plus célèbres écrivains de la Chine. Le grand historiographe Sse-ma Tsien, par exemple, avait plus d'estime pour *Hoang-tao* (Lao-tse) que pour les six *King*, communément désignés comme les livres sacrés par excellence de l'École de

Pauthier, le concurrent malheureux de Stanislas Julien, qui avait traduit quelques années avant celui-ci le livre fondamental du Taoïsme (1), connaissait insuffisamment la langue chinoise, mais il n'était pas à beaucoup près un homme sans talent, et en maintes circonstances il suppléa par son esprit éclairé à l'insuffisance de son savoir, au point de vue philologique. S'il n'a pas compris lui non plus dans son ensemble l'œuvre de Lao-tse, il a su du moins lui donner une apparence acceptable en certains endroits dont l'énoncé semble révoltant dans la version de son savant rival. De graves divergences ont déjà été formulées sur les essais de ces deux érudits (2). Toutefois la valeur exceptionnelle du texte antique qu'ils avaient eu l'intention de faire connaître au monde européen et qui est encore aujourd'hui assez médiocrement connu, mérite que ces critiques soient reprises en sous-œuvre et même longtemps discutées avant qu'une traduction acceptable puisse enfin être mise au jour.

Un orientaliste de mérite, Abel-Rémusat, maître de Stanislas Julien, s'était lui aussi occupé du *Tao-teh King* (3) sur

Confucius. (Voy. le P. Prémare, dans les *Annales de Philosophie Chrétienne* de Bonnetty, sixième série, t. VIII, p. 19.)

(1) G. Pauthier, *Le Livre révéré de la Raison suprême et de la Vertu*, par Lao-tseu, traduit en français et publié pour la première fois en Europe, avec une version latine et le texte chinois en regard, accompagné du commentaire complet de Sie-hoëi, d'origine occidentale, et de notes tirées de divers autres commentateurs chinois. Paris, 1838 ; in-8° (ouvrage dont la publication n'a pas été terminée).

(2) Voy. notamment le Dʳ James Legge, *The Religions of China*, p. 220 ; Mayers, *The Speculations of the Old Philosopher Lao-tse*, Introduction, p. xi; C. de Harlez, dans les *Mémoires couronnés par l'Académie Royale de Belgique*, 1884; Balfour, *The Divine Classic of Nan-hua*, Excursus, p. xxxv ; Callery, dans les *Memorie della R. Accademia delle Scienze*, de Turin, Sciences morales, série II, t. XV, p. 45 ; Carlo Puini, *Il Buddha, Confucio e Lao-tse*, p. 473 ; Fr. Neumann, de Munich, *Das Buch von der Kraft und Wirkung*; Chantepie de la Saussaye, *Lehrbuch der Religionsgeschichte*, t. I, p. 253.

(3) Abel-Rémusat, *Mémoire sur la vie et les opinions de Lao-tseu*, philosophe chinois du VIᵉ siècle avant notre ère qui a professé les opinions communément attribuées à Pythagore, à Platon et à leurs disciples. Paris, 1823; in-4°.

lequel les travaux des anciens missionnaires de Péking (1)
avaient appelé tout particulièrement son attention. Faute de
pouvoir lire et comprendre les nombreux commentaires composés d'âge en âge par les Chinois pour faciliter l'intelligence
de ce livre, il s'était trouvé hors d'état d'y découvrir les im-
portantes idées qu'il renferme. Il se livra donc à des observations enfantines sur quelques passages où l'on avait cru découvrir des rapports entre l'enseignement taoïste et la religion juive. Parmi ces observations, l'une d'elles provoqua avec
raison les remontrances de son élève Stanislas Julien, qui en
fit justice dans la préface de son livre. Je veux parler de l'i-
dentification du nom de *Jehovah* avec trois particules conte-
nues dans un des chapitres du *king* ou texte traditionnel de
Lao-tse (2).

On me pardonnera, je l'espère, si j'ai cru utile de donner ici
ces explications presque exclusivement bibliographiques,
avant de parler des passages du *Tao-teh-King* qui nous permettent de discuter la question de savoir si les adeptes de la
doctrine du *Tao* doivent être considérés comme des athées, ou
bien comme des déistes. Dans ce dernier cas, dont j'ai la pré-
tention d'établir l'exactitude, il y aura lieu de déterminer à
quel genre de déistes appartenait Lao-tse. J'insiste sur cette
déclaration, car je tiens essentiellement à soutenir que les pré-
tendus sectateurs de ce puissant génie n'ont plus que quelques
rares rapports logomachiques avec l'enseignement de celui
qu'ils appellent leur Maître. C'est pour ce motif que j'ai jugé
indispensable de faire usage du mot *Taosseisme* pour désigner
la religion de ces derniers et ne pas la confondre avec la philosophie originale et si remarquable du *Tao* que je nomme *Taoïsme*.

La question que je désire discuter dépend du sens qu'il
convient d'attribuer au *Tao*, expression fondamentale sur
laquelle repose la doctrine de Lao-tse. J'ai consacré à l'examen

(1) Notamment le P. Amyot, dans les *Mémoires concernant les Chinois*,
t. I.

(2) Abel-Rémusat, *Libr. cit.*, p. 42 ; Stanislas Julien, *Le Livre de la
Voie et de la Vertu*, introduction, p. v.

de ce mot un chapitre entier d'un ouvrage que j'ai publié sur cette antique doctrine de la race Jaune (1). Je résumerai mes recherches aussi brièvement que possible pour arriver aux conclusions que j'ai en vue, sans abuser outre mesure de votre bienveillante attention.

Si l'on cherche le sens de ce mot *Tao* dans les dictionnaires chinois composés pour l'usage des Européens, on trouve qu'il en a plusieurs et de fort distincts, ce qui en rend l'interprétation difficile lorsqu'il s'agit de son emploi dans le langage philosophique. Les principaux de ces sens, — ou du moins les plus habituels, sont, « route », « parler » et « doctrine ». Stanislas Julien a cru devoir choisir celui de « voie » (2). Pauthier s'est beaucoup plus rapproché de la vérité en employant celui de « Raison primordiale » ou « Principe suprême » (3). La signification en langue vulgaire de « parler », l'a fait identifier par quelques auteurs au λόγος des Néo-platoniciens et celle de « lumière » à la *Bôdhi* ou « Connaissance absolue » des Bouddhistes. Plusieurs orientalistes (4), et je suis du nombre, n'ont pas hésité à le rendre par « Dieu », dans l'espoir que cette traduction serait, tout bien calculé, moins obscure que celle qui résulterait de longs considérants aussi difficiles à comprendre que le mot « Dieu » lui-même. On doit néanmoins tenir compte, mais avec de grandes réserves, de l'explication suivant laquelle le Tao serait la Raison éternelle, antérieure à Dieu, et sans laquelle Dieu n'aurait jamais pu exister (5). J'aurais sans doute des remarques intéressantes à vous faire sur cette singulière explication qui révoltera non sans motif plus d'un penseur ;

(1) Voy. dans mon *Taoïsme*, chap. v, la définition du Tao et mon article sur la Philosophie du Tao-teh-king, dans les *Mémoires de la Société Sinico-Japonaise*, 1887, t. VI, p. 5.

(2) Voy. les motifs allégués par Julien pour traduire le mot *tao* par « voie », dans son *Livre de la Voie et de la Vertu*, introduction, p. XIII.

(3) Voy. Pauthier, *Le Tao-te-king*, p. 5.

(4) Notamment M. Victor von Straus, *Lao-tse's Tao-te-king*, 1870.

(5) *Lao-tzes Tao-teh-king*, trad. Carus, Introd., p. 13.

mais ces remarques m'entraîncraient trop loin et je dois revenir, sans plus de parenthèses, à la formule de l'idée de Dieu, suivant la doctrine de Lao-tse, telle qu'elle s'est présentée à mon esprit après plusieurs années d'étude du *Tao-teh King* et des travaux de ses commentateurs les plus autorisés. Faute de pouvoir vous présenter aujourd'hui mes idées avec tous les développements voulus, je me bornerai à vous dire que je ne puis pas admettre que le *Tao* de Lao-tse soit quelque chose d'autre que Dieu et qui ait précédé la manifestation de la divinité. Seulement il s'applique à la conception d'un Dieu d'une nature non seulement immatérielle, mais indéfinissable. Lao-tse s'exprime à cet égard de la façon la plus formelle : « Le Dieu qu'on peut définir, dit-il, n'est pas le Dieu absolu (en chinois : *Tao ko tao, feï Tchang Tao.*) »

En d'autres termes, nous ne pouvons avoir qu'une simple intuition du Dieu véritable. L'enseignement bouddhique des écoles les plus avancées, en adoptant la même manière de voir au sujet de Dieu, ajoute toutefois que cette intuition peut être de plus en plus complète, de plus en plus suggestive, suivant la mesure dans laquelle nous parvenons par nos efforts à anéantir en nous le sentiment égoïste, le sentiment de notre personnalité, pour nous associer et nous confondre avec le Grand-Tout.

Sans la crainte d'abuser outre mesure de votre bienveillante attention, je vous aurais entretenu d'un autre terme fondamental du Taoïsme, à savoir de la *Teh* dont le nom figure dans le titre du *Tao-teh King* de Lao-tse, titre que Stanislas Julien, comme je l'ai dit, a rendu par « le Livre de la Voie et de la Vertu », interprétation que je me refuse absolument à accepter. Je vous ai fourni tout à l'heure quelques explications sommaires au sujet du mot *Tao*. Le mot *King*, qu'on traduit d'habitude par « Livre sacré » signifie, simplement « un écrit traditionnel ». Quant au mot *Teh*, il veut bien dire « vertu » dans le langage ordinaire, mais dans celui de la philosophie taoïste, il a une bien autre portée : il y exprime l'élément muable, qui est la seconde caractéristique de Dieu, dont la première est l'immuabilité. En d'autres termes, il désigne l'Activité sélective et le Devenir. C'est seulement, je crois, en raisonnant de la sorte, et nullement avec les arguments dont ont fait usage à ce propos plusieurs orientalistes, que nous pouvons établir l'existence en Chine, dès le VI° siècle avant notre ère, de la notion théologique trinitaire qui nous représente Dieu tout à la fois créateur de l'univers et en voie de se créer lui-même par l'appoint *indispensable* de l'universalité de ses créatures. Dans une autre occasion, je me propose de démontrer la valeur tout à fait exceptionnelle de cette idée qui se retrouve dans l'antiquité orientale non seulement chez les Indiens (la *trimourti*), mais encore chez d'autres peuples, notamment chez les Japonais, au sein de leur Sintauisme primitif(1).

Malgré l'admirable puissance de sa théorie philosophique, Lao-tse ne devait obtenir d'écho dans les masses ignorantes que lorsque sa doctrine aurait été matérialisée de fond en comble et abâtardie de façon à devenir intelligible pour la foule inculte et à satisfaire ses instincts grossiers. A ce point de vue, il a eu la destinée de tous les grands instituteurs religieux : rien dans la pratique n'a survécu de son œuvre qu'une grossière et mercantile contrefaçon de son enseignement. N'hésitons pas à le reconnaître avec tristesse : tel est le sort des penseurs qui espèrent trop de la pauvre humanité ou qui, du moins, devancent avec trop de génie le travail lent et sans cesse interrompu de son émancipation. Du moment où la souffrance a été l'apanage de tout ce qui vit, il était inévitable que l'homme qui souffre ait la velléité de croire à un être de sa

(1) J'ai réuni les éléments d'un mémoire étendu sur la question de la *Teh* dans le taoïsme : je diffère cependant sa publication, parce qu'il me reste à lire et à étudier plusieurs ouvrages chinois, notamment l'œuvre de Sou Tse-yeou, auxquels j'attache la plus sérieuse importance. — Quant à la Trinité du Sintauisme primitif, j'en ai découvert l'existence en préparant ma traduction du *Ni-hon Syo-ki* (la Bible de l'antiquité japonaise, accompagnée d'un commentaire que j'ai cru devoir rédiger en langue chinoise, ouvrage dont le second volume est sous presse). J'espère avoir le temps d'en exposer un jour le caractère et la haute portée philosophique qui font le plus grand honneur à la civilisation originelle des insulaires de l'Extrême-Orient.

propre nature, mais plus puissant que lui, auquel il puisse demander de mettre un terme à ses maux et parfois même de lui accorder des jouissances ici-bas. Quel que soit l'état de son esprit, il ne peut s'abstenir d'invoquer pour son service et ses besoins un ou plusieurs magots fabriqués à son image. De grands progrès intellectuels devront être accomplis avant qu'on puisse retirer aux malheureux la douce illusion de la prière et le droit de pousser le cri qui échappe sans cesse, aussi bien aux savants qu'aux ignorants, aux forts et aux faibles d'esprit : « Ah ! mon Dieu. »

Au début de cette conférence, j'ai signalé les graves inconvénients qui résultent de l'emploi insuffisamment réfléchi du mot « athée » pour désigner un individu et bien plus encore pour qualifier une race ou une fraction quelconque de l'humanité. Il n'est pas moins fâcheux de soutenir qu'un peuple est supérieur ou inférieur parce qu'on l'a qualifié plus ou moins à la légère de monothéiste, de polythéiste, de panthéiste, de fétichiste ou d'idolâtre. Le monothéisme est parfois la conséquence d'un puissant et splendide travail intellectuel ; parfois aussi, il n'est rien de plus que la résultante d'un défaut d'imagination. Le Déisme est, sans aucun doute, une très haute conception de l'homme supérieur, mais alors seulement qu'il répond à la culture d'une idée intuitive dont chaque être a le devoir de provoquer la naissance dans son organisation intime.

Si le temps ne m'avait pas manqué pour soutenir devant vous cette manière de voir, je vous aurais entretenu de l'état déplorablement rudimentaire de l'idée déiste chez de nombreuses populations du globe. Je vous aurais parlé notamment des Coréens qui sculptent à plaisir de petits dieux grotesques sur des bûches de bois et qui les entourent de fleurs et de parfums lorsque le hasard leur fait croire qu'ils leur doivent les faveurs dont ils leur ont adressé la demande en prière. En revanche, lorsque par malheur ces petits dieux de bois ne leur sont pas propices, ils se font une fête avec leurs amis de les démolir à coups de pierre. On ne peut cependant pas dire que ces Coréens sont des athées, puisqu'ils rendent un culte à une foule de divinités de leur invention ; mais il me répugne de les compter parmi les déistes pour lesquels toutes les créatures honnêtes et intelligentes doivent professer des sentiments de haute estime et d'inépuisable admiration.

Il est temps de m'arrêter. Je me crois autorisé, en terminant, à soutenir que la civilisation chinoise ne professe pas plus l'athéisme qu'*aucune* autre des grandes civilisations du monde, et que le Théisme de la Chine, dès la haute antiquité, a même atteint à une hauteur de conception que notre orgueilleuse Europe ne peut guère prétendre avoir sérieusement dépassée. C'est là ce que je tenais surtout à vous dire dans cette petite improvisation.

⁂

Le Gérant : F. JUNCKER.

Clermont (Oise). — Imprimerie DAIX frères, 3, place Saint-André.